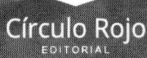

Círculo Rojo
EDITORIAL

El Mar Menor a tiro de caña

El Mar Menor
a tiro de caña

Andrés García Sánchez

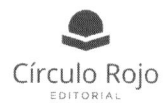

Círculo Rojo
EDITORIAL

Primera edición: febrero 2024

Depósito legal: AL 78-2024

ISBN: 978-84-1061-442-0
Impresión y encuadernación: Editorial Círculo Rojo

Editorial Círculo Rojo
www.editorialcirculorojo.com
info@editorialcirculorojo.com

Impreso en España - Printed in Spain

El papel utilizado para imprimir este libro es 100% libre de cloro y, por tanto, **ecológico**.

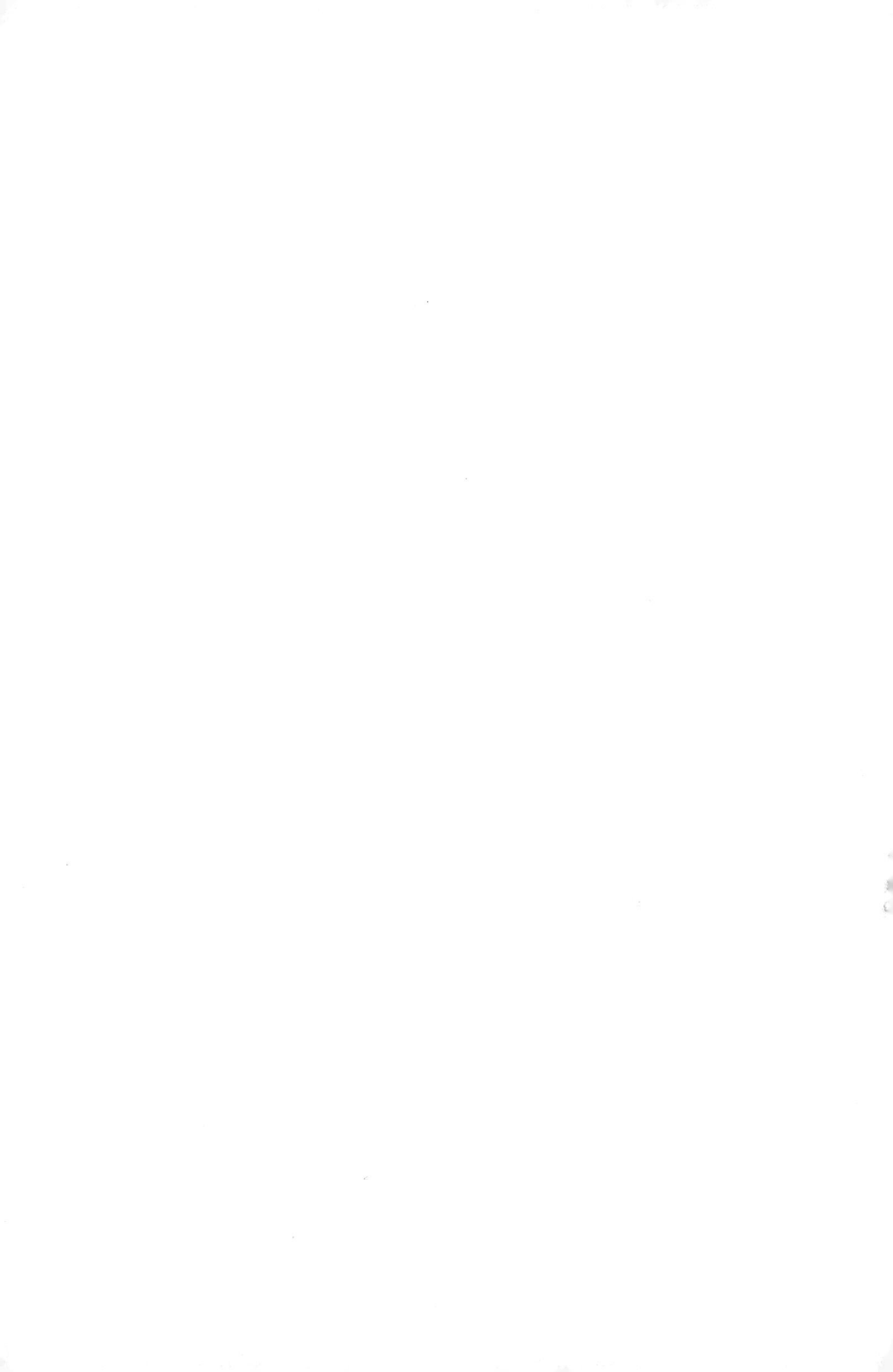

En este libro conoceremos el maravilloso mundo de la pesca desde costa en el Mar Menor y te ayudará a entender su fauna, sus fondos marinos y su vida a tiro de caña; sus especies más buscadas: la dorada, la lubina y la herrera; la temporada de cada especie; equipos necesarios en cada zona; cebos naturales a utilizar. Con imágenes, experiencias propias del autor con las que quedarás perplejo y enganchado a este gran libro sobre la pesca desde costa en el Mar Menor.

Soy Andrés García, nacido en Cartagena en verano de 1984; en la actualidad casado y con dos hijas. Me dedico al GLP como operador de planta y soy un enganchado a la pesca.

Esta afición tan complicada por donde la miremos y a la vez tan bonita.

Comencé a pescar a los cinco o seis años, lo típico, un bote, un poco de pan duro. Mi abuelo y mi padre nos decían a los más pequeños cómo hacerlo, solo teníamos que aguantar la respiración con esas gafas de buzo tan incómodas y tapar la entrada al bote cuando un mújol entrase dentro, todo esto evitando que el resto de bañistas nos asustasen al grupo de peces, todo ello sin salir con la espalda al rojo vivo. ¿Con quién pescaba? Sí, sí, mi hermano, mi primo y yo hacíamos competiciones a ver quién era capaz de atrapar más peces con el bote, sencillo. Finalmente, llegó el bote que pescaba solo, un par de botellas con tapón azul. A la primera botella solo teníamos que quitarle el culo y a la otra cortarla por la mitad, esta última la meteríamos sin tapón dentro de la anterior botella, meteríamos pan entre ambas botellas y se dejaba casi en vertical flotando con la entrada hacia abajo, así, el pez podía entrar de abajo arriba hasta quedar atrapado; al rato, y desde la orilla, veíamos revolotear el pez entre las botellas. Pero en poco tiempo ya queríamos coger esas pequeñas gambas que las llamábamos quisquillas cuando en verdad eran camarones. Las atrapábamos con una pequeña sacadera, la que usan actualmente para sacar esas medusas que incomodan el baño.

Menudas tortas hacía la abuela María; ya era tradición si no para tortas para el abuelo y mi padre, que saldrían de pesca. No eran tiempos de comprar cajas de cebo, así que todo lo que usaban era cebo natural de la zona del Mar Menor extraído a mano sosteniblemente, ya que en los días siguientes y años siguientes querían seguir pescando.

¿Qué pescaban? En su mayoría cogían grandes cantidades de herreras o magres, como les decimos en nuestra zona, pero en verdad sacaban todo tipo de peces, como pargos, sargos, doradas, lubinas, anguilas. Una época en la que el pescado comía y era abundante en las playas del Mar Menor y sus alrededores.

Algo consciente de lo que hacían, estaba con la mosca detrás de la oreja. Cada cierto tiempo, mi padre salía de casa y volvía al día siguiente o de madrugada, hasta que me dio por liarla, quería ir con mi padre de pesca. Recuerdo que mi madre se oponía por el frío; otras veces porque salían lejos, y otras porque no entraba en el barco en el que salían. ¿En barco? Sí, tenían amistades con la familia de los Tinocos, grandes profesionales de la mar en Cartagena y en La Manga del Mar Menor.

Creo que me consideraban demasiado pequeño para salir de pesca. Pronto me llamarían Andresiko.

Llegaría un nuevo verano, y comencé a salir con ellos. Pero no de pesca, sino a cogerles el cebo, algo que jamás olvidaré: un olor tremendo y cogiendo esas lombrices escurridizas en esos argueles en descomposición y esos enganchones con los cangrejos. Recuerdo que ahí fue mi primera lección: «No cojas el cangrejo por delante, búscale la vuelta». ¿Los cogías a mano? Para la buena verdad, mi abuelo tenía un palo terminado en V con el que los acorralaba y los cogía a placer, pero, para el resto, lo que había era la vista y las manos, y, por supuesto, no coger los de color negro peludo, para estos teníamos que avisar. A día de hoy, impensable salir a coger cebo natural, el cual está castigado con multas astronómicas.

Pronto tendría mi primera caña, nada del otro mundo, una del montón quita bullas, así me calmaron unos días. Pero fue lo peor que hicieron, ya podía ir solo a pescar sin irme lejos de casa y mi padre bajaría a darme vuelta. Pero, cada vez, él tendría que andar un poco más. Era un experto pescando mújol al lance con pan bollado, una lazada con 10 anzuelos o 5 poteras corredizas; se colocaban alrededor del pan duro y, a crujirle a la caña lo más lejos posible, sacaba los más grandes y en mayor número, o eso pensaba yo, y NO era un gran lanzador, pero la suerte estaba de mi parte. Pronto pasaría a pescar con lombriz, cangrejos, pitufos y lijas.

Mi trayectoria por el Mar Menor ha sido realmente exitosa, descubriendo cada escenario de pesca desde costa y desde embarcación. No siempre sacaba las mejores piezas, ni siquiera he sido ni soy el mejor pescador deportivo de la zona del Mar Menor. Pero tal vez sí sea uno de los que mejor conoce este Mar tan pequeño y tan grande.

El Mar Menor

La laguna salada más grande de Europa, de unos 73 km de costas y un máximo de unos 7 m de profundidad, situada al sureste de España en la Región de Murcia. Un mar muy salado por encima de lo normal.

En este mar habitan infinidad de especies, como son la dorada, herrera, lubina, anguila, sargos, vidriada, lenguado, tordos, raspallones, caballitos de mar, etc. Necesitaríamos otro libro para nombrarlas a todas. Tenemos por otro lado la infinidad de flora de la cual nos centraremos en las que nos interesan, ya que son cientos y es imposible nombrarlas a todas.

Comencemos con los tipos de flora que nos interesan para realizar cada tipo de pesca. La Posidonia oceánica y la Oreja de liebre; los nombres técnicos los dejaremos para la ciencia y, más adelante, las colocaremos en escenario, técnica y especies.

Posidonia oceánica

Nos pondremos las gafas de buzo y veremos praderas de un alga filamentosa que puede llegar a medir un metro. En baja mar se pueden ver aflorar en la superficie. Tienen un color oscuro, un verde más bien negro. Un alga que incomoda a personas en su baño veraniego y es donde surge la magia. Podremos ver pequeños peces, como tordos, sargos, vidriadas, anguilas, magres y, cómo no, mújoles conviviendo en la protección de estas praderas.

Encontraremos pequeños crustáceos, como pueden ser langostinos, camarón, cangrejo común, cangrejo peludo y, últimamente, como invasor, el cangrejo azul.

La encontraremos en aguas poco profundas desde los veinte o treinta centímetros de fondo, y su mayor amplitud a partir del metro veinte. En temporales fuertes acaban en las orillas, tanto del Mar Menor como en la zona de La Manga a Mediterráneo, generando inmensas montañas de desechos. Entre las algas encontraremos multitud de microorganismos y algas diferentes; cada una de ellas tiene sus funciones en este ecosistema.

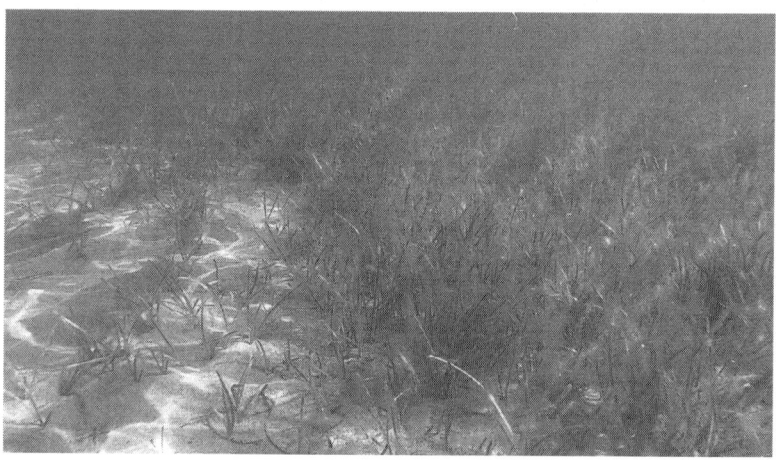

Imagen capturada por el autor de una pradera de Posidonia oceánica en pocos centímetros de profundidad

Y ya estamos viendo pistas. En estas algas, que actualmente recoge el ayuntamiento de las orillas de las playas, encontramos esas famosas lombrices para pescar la herrera, la anguila y el lenguado, como una de las especies favoritas a capturar desde costa.

Para encontrar estas lombrices necesitaremos esa zona escondida a la que nadie mira y no recogen lo que la mar trae.   ¿Por qué? Las lombrices son un síntoma de descomposición, con lo cual las algas en la orilla deberán estar un tiempo determinado y, al ser posible, en primavera y verano sería más fácil encontrar dichas lombrices.

¿Cómo lo hacíais? Levantaremos a mano las algas secas apostadas en las orillas, nos empezará a llegar ese olor fuerte en descomposición. Pues seguimos dándole y, poco a poco, nos iremos encontrando una pasta húmeda donde ya apenas se distinguen las algas, y es cuando podemos comenzar a ver alguna lombriz. Las echaremos en nuestro cubo con algo de este pringue que hemos descubierto, estarán como en casa. ¿Qué tamaño tienen estas lombrices? Estos cebos tienen un largo de apenas 5 o 6 cm y un grosor poco más de un milímetro, y lo más característico es su olor a yodo, aunque no es la lombriz que más desprende este olor.

Para mantenerlas durante muchos días, incluso meses, tendremos que ir humedeciendo el cubo con agua del mar, con unas gotas sería suficiente, ya que, si las inundamos morirán, ya que son lombrices terrestres que soportan la humedad, pero no el estar sumergidas.

Según en qué zonas, podremos encontrar cangrejos en el margen de esta alga con el mar, incluso algún pez buscando protección de sus presas.

Recuerdo que mi abuelo estaba muy atento a las orillas cuando cogíamos estas lombrices para ver si podía echarle mano a un pulpo, a un buen cangrejo peludo o incluso a una lubina por qué no, y lo que sí que jamás olvidaré son esas moscas que daban unos bocados de miedo.

Oreja de liebre (Caulerpa prolifera)

Esta alga de color verde intenso, de apenas 10 centímetros de altura, la podemos encontrar en prácticamente todas las orillas del Mar Menor, en grandes praderas que apenas dejan paso a la arena y en pequeños grupos dejando entrever róales de arena.

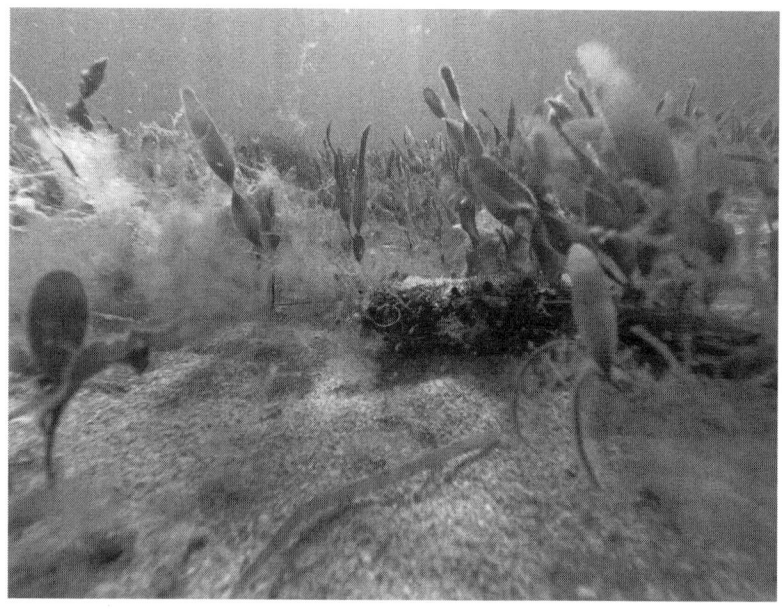

Imagen capturada por el autor de una pradera de Oreja de liebre en apenas ochenta centímetros de profundidad donde encontramos pepinos de mar, un manjar para la dorada

En este tipo de alga podemos encontrar mucha vida al igual que en la Posidonia oceánica, pero las distingue su enraizamiento; suele estar en suelo duro y fangoso especial para que toda especie paste sobre ellas. Podemos encontrar en sus raíces diferentes tipos de lombriz como son los cucos, lombriz de arena y las titas, y a flor de tallo podemos encontrar más en la superficie la típica lombriz de Palmera y de Tubo. Entre toda esta vida, nos encontraremos pastando y conviviendo en la misma zona cangrejo común, cangrejo azul, camarón, galeras y mucho más. Hacen de esta Oreja de liebre el escenario perfecto para buscar nuestras presas favoritas.

Arena libre de flora

La arena libre que podemos encontrar en todos los escenarios del Mar Menor contiene una vida excepcional como ninguna otra playa del Levante. Es difícil encontrar arena limpia sin restos de moluscos o con ellos mismos; cientos de miles de conchas de berberecho, almeja y chirla se reparten por las orillas del Mar Menor dando cobijo a todo tipo de alevines. ¿Por qué está lleno de conchas? Muchos achacan esta situación a la contaminación, bien cierto será en parte, pero deciros que los temporales mueven las orillas dejando estos moluscos a la merced de las corrientes. Muchos de ellos son devorados por las caracolas, otro buen montón por las doradas junto a las lubinas; en su mayoría acaban en las orillas fuera del agua trayéndoles la muerte.

Como anécdota, os puedo contar que, con los fuertes temporales, junto a unos amigos, solíamos hacer visitas a la orilla contraria al mismo, zonas de los Nietos, Urrutias, el Carmolí, La Manga, en busca de titas y almejas que la mar tiraba fuera con fuerza y sin posibilidades de volver a la misma, y hay que decir que nos servíamos de cebo para una buena temporada y de unas buenas almejas para casa.

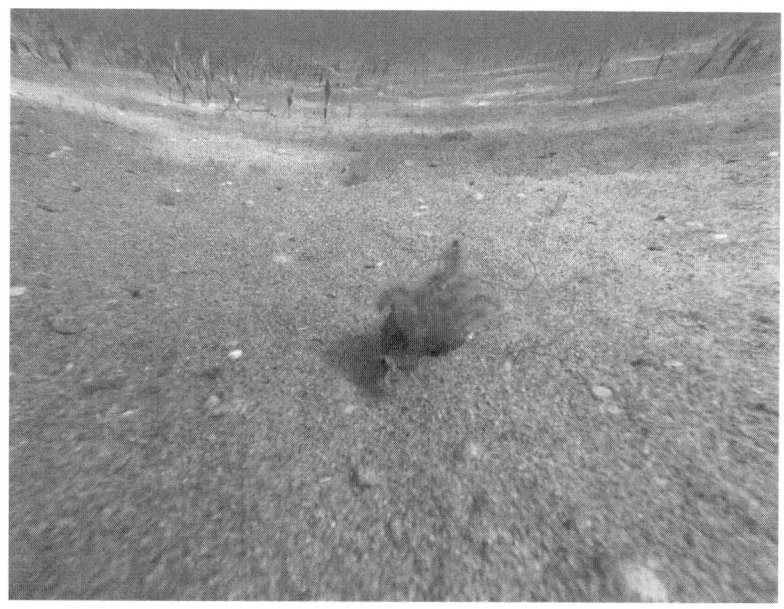

Imagen capturada por el autor de una caracola común del Mar Menor rodeada de restos de moluscos

¿Qué podemos encontrarnos en la arena? Deciros que la lista es interminable, pero os voy a comentar las especies que más nos llaman la atención y más nos interesan para nuestra afición; algunas de ellas eran perseguidas por mariscadores ilegales por su alto valor gastronómico, como pueden ser almeja real, chirlas, berberechos y, entre otras especies más comunes, la caracola común y pequeños caracoles y caracolas que apenas alcanzan el centímetro y medio. Encontraremos ostras con algo de suerte y que hace unos años eran muy abundantes, pero los propios bañistas se las zampaban en la orilla mientras tomaban el sol, a mí nunca me han gustado comer. Entre los peces más comunes tendríamos la dorada, el magre, la lubina, el sargo, la vidriada, los tordos, el lenguado y un sinfín de especies tremenda. ¿Hay boquerón? Por supuesto, tenemos un boquerón especial, dieta de la lubina. Es una especie de pez casi transparente de apenas 5 cm que se deja coger con las manos en busca de protección, así que, si los vemos un poco perdidos y aturdidos, los dejaremos a sus anchas y que sigan su ciclo de vida natural por las orillas de este gran mar, dejándolos crecer hasta su tamaño, de unos 10 o 12 cm, cuando cogen toda su talla y se agrupan.

Como curiosidad, contarte que esta caracola, cuando yo era un niño, era un plato típico y codiciado en las mesas de nuestros abuelos. Recuerdo mañanas donde mi abuelo Ramón y mi padre buscaban la chirla mientras mi hermano y yo nos hacíamos con unas caracolas que, un par de días después, la abuela María las cocinaba al vapor, todo un manjar con limón acompañado de una buena ración de pan.

Hoy en día, y desde mi punto de vista, las leyes protegen tanto el mar que dicha especie está acabando con el resto, como, por ejemplo, la almeja real, la chirla y los berberechos, ya que les cuesta reproducirse y necesitan más tiempo para crecer. Mirando unos años atrás, podíamos coger berberechos con los dedos de los pies y alguna que otra ración de almejas. Cosa que hace ya tiempo es impensable e imposible recolectar, pero el caso es que, como ya estás viendo, me gusta tirarme a la mar y observar; lo único que se ve en la arena son conchas y más de una caracola devorando pequeñas almejas.

Contarte que, cuando era niño, cogíamos cebo para pescar, y nuestro cebo favorito era el Pitufo, seguro que lo recuerdas;

*un cebo espectacular para la dorada en esta zona. Dicha ané-
mona la doy por desaparecida tras tres o cuatro años sin ver
ninguna y creo que pasará más adelante con el resto de vida
de la arena, ya que estas caracolas comen de todo y su número
es infinito en las orillas.*

Clima en el Mar Menor

Para hablar del clima o condiciones ideales del Mar Menor es un poco complicado, tendríamos que empezar por
sus canales naturales o artificiales que dan salida o entrada
de agua al Mar Menor con las mareas, y aquí es donde es
tan especial el Mar Menor y lo hacen uno de los escenarios
más complejos para la pesca desde orilla, ya que es un mar
pequeño y poco profundo. Lo único que nos cuenta en las
primeras sensaciones es que se enfría y se calienta muy rápido, haciendo escenarios de pesca auténticos y cambiantes
en pocos días, incluso en horas, de los cuales voy a intentar
aclarar brevemente.

Llegamos a la primavera. El Mar Menor empieza a calentarse mucho más rápido que el Mediterráneo, esto provocará
en las bajadas de marea una corriente de agua cálida hacia el
Mediterráneo. ¿Qué pasa con esto? Los peces irán siguiendo
esa corriente cálida encontrando los pasos de agua, como
son el canal de la Gola, el del Estacio y la Veneciola, y entrando poco a poco en el Mar Menor para realizar el ciclo
de reproducción y engorde, de lo contrario, cuando pasa el
verano, el Mar Menor se enfría rápidamente ocasionando
en las subidas de marea una corriente cálida hacia el Mar
Menor, ya que el Mar Menor en pocos días bajará su temperatura varios grados y el Mediterráneo seguirá caliente bas-

tantes semanas después, y conseguirá el efecto contrario, los peces saldrán del mismo siguiendo esas corrientes de agua caliente que les dará paso al Mediterráneo. Con la llegada de las altas temperaturas llegan las medusas del huevo frito que, según el año, entran y se reproducen en mayor o menor cantidad, llegando a ser casi imposible el baño en el Mar Menor. Estas dan cobijo a los alevines que tratan de sobrevivir a los ataques de la lubina y otras especies depredadoras que entran al Mar Menor a llenar la barriga, como son la aguja y pequeñas barracudas.

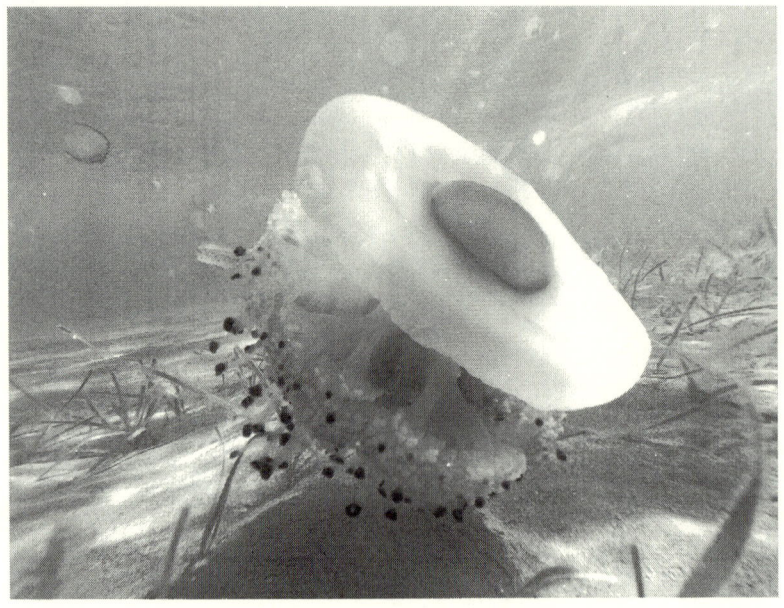

Imagen capturada por el autor de medusa huevo frito

Con todo esto, decir que los temporales de frío y olas de calor le afectan mucho y podemos tener explosiones de actividad, o, todo lo contrario, en cuestión de horas.

Recuerdo buenos tiempos en el mes de octubre, por el día del Pilar. Cientos de personas nos agrupábamos en el canal de Estacio, el principal paso de agua de un mar a otro y donde se concentraban grandes cantidades de dorada, lubina y herrera.

Era increíble que cada pescador con una sola caña pudiera capturar treinta, cuarenta, ochenta piezas de buen tamaño y tamaños medios; era un disparate, pero casi una tradición. En estas jornadas usábamos cañas cortas muy sensibles para notar las picadas, pero a su vez tenían que ser fuertes para levantar un pez tras otro sin usar sacadera, y hablamos de piezas de hasta tres y cuatro kilos que ya alguno correría hasta el coche para sacar la sacadera. Hoy en día, pescar en esta zona es como si fueras un delincuente peligroso y de alto riesgo; ya entonces alguna carrera nos pegábamos, y digo esto porque en más de una ocasión el helicóptero de la Guardia Civil ha descendido para fichar a personas pescando en este canal. Si pudiéramos pescar en él no sería ni la mitad de divertido que era antes, ya que el número de ejemplares ha descendido drásticamente y no se encuentra en grandes bolas salvo en ocasiones y para profesionales.

Temporadas de pesca en el Mar Menor

Comencemos la pesca desde costa, ya tocaba. Estamos en enero, y tengo ganas de echar las cañas. Deciros que la pesca ideal para esta fecha en concreto sería la pesa de la lubina con cebo vivo o *spinning*. ¿En qué fecha podemos empezar a buscarlas? La lubina en el Mar Menor está prácticamente todo el año, pero ya sabéis que les gusta el agua fresquita y el temporal, con lo cual las buscaremos en los meses más fríos del año, incluso en algún temporal de primavera. ¿Cuál es su mejor mes? Desde mi punto de vista, su mejor mes sería finales de octubre hasta finales de noviembre, son las fechas en las que su actividad está por las nubes gracias a la freza (apareamiento); se juntan cientos de machos por cada hembra y podemos encontrarlas muy cerca de la orilla, por no decir en la misma orilla, buscando pareja y comida. En estas mismas fechas son los cambios de temperatura más importantes. Por lo general, los machos suelen ser mucho más pequeños que las hembras ¿Cuándo empiezas a pescarlas entonces? Cualquier momento es bueno, pero si tuviese que ponerles una fecha sería septiembre. No es de locos mientras hacemos otra pesquera intentar tentar a estas diosas del Mar Menor. ¿Qué peso alcanzan las lubinas en el Mar Menor? Buena pregunta, la lubina, como todos la conocemos, llega a hacerse muy grande, las más comunes rondan de los 800 a los 1500 gramos, y las tallas más grandes quizás estén sobre los 2,5 kilos a los 4 kilos.

Si tuviera que escoger una de mi galería, quizás fuese una capturada en los urrutias en un mes de noviembre con un levante de narices y un aguacero importante, apenas podía lanzar mi cebo, ya que pegaba de frente el temporal, y seguramente ese ejemplar pasaría de los 6 kilos. Recuerdo llegar pronto a casa con varios ejemplares hecho una sopa y mucho frío.

¿Y cuándo dejas de pescarlas? Ya para finales de febrero cambio de tercio y cambiaremos a la pesca de la dorada, que tienen unas fechas muy claras, en las que podemos buscarlas en el Mar Menor, como son mayo/junio, septiembre/octubre. Son fechas en las que la dorada se mueve bastante. Siempre hablamos de doradas que den talla, no de estas pequeñas que podemos capturar en cualquier momento. La dorada busca claramente las orillas para alimentarse después del invierno. En mayo comienza a calentarse el Mar Menor, es cuando ellas comienzan a entrar al mismo por los canales citados con anterioridad, dándose las capturas en las proximidades de sus orillas; a estas doradas les decimos «las secas». ¿Cómo que las secas? Esta especie tan peculiar durante el invierno coge agua en algunos casos y sigue alimentándose, pero, debido a la poca profundidad de la zona, muchas invernan quedándose estáticas durante días o meses y dejando de alimentarse; en el momento que empiezan a moverse, comienzan a salir ejemplares de talla muy cabezonas, pero de poco peso. Es algo complejo de explicar, ya que cada vez se da el caso en el que la dorada no sale del Mar Menor, por eso no es raro comenzar a capturar alguna a principios de marzo, siendo lo más normal que tengamos las primeras buenas pesqueras en mayo cuando el mar comienza a calentarse.

En el mes de mayo, la dorada comienza a moverse de sus zonas de invierno en el Mediterráneo buscando comida y su bienestar en cuanto temperatura. Recordemos que el Mar Menor se calienta más rápido que el Mediterráneo, generando en las bajadas de marea una corriente de aguas cálidas hacia el Mediterráneo, esto es algo único en nuestro litoral. La dorada encuentra esa corriente y la surca entrando por los canales citados anteriormente al Mar Menor. Una vez dentro, la dorada se acerca a las orillas del mismo buscando comida para coger esa grasa que tanto valor gastronómico le da a esta especie. Las doradas llegan del invierno con poco peso, algunas de ellas parecen enfermas, prácticamente son cabeza, pero no te preocupes, en poco tiempo estarán en su línea. ¿Por qué se acercan a la orilla? Muy sencillo, en estos meses preverano, la dorada encuentra un clima apto para la supervivencia, con alimento y temperatura adecuada para su reproducción y supervivencia, ya que las orillas tienen una profundidad entre 30 y 90 cm, encontrando esa Posidonia oceánica y Oreja de liebre donde encontrarán su alimento.

Una vez llegados los meses de verano, junio, julio y agosto, todavía podremos capturar algunos de estos ejemplares en las orillas, pero ya las condiciones habrán cambiado. Encontraremos temperaturas de hasta 30 °C que hará que los ejemplares más viejos de mayor talla dejen de visitar las orillas y dejarán paso a los alevines salvo excepciones; los ejemplares de mayor talla cogerán profundidad y buscarán las aguas de menor temperatura buscando las entradas de agua del Mediterráneo complicándose las buenas capturas. Los alevines que rondan los 20 gramos a los 200 gramos, piezas que, sin lugar a dudas, al ser capturadas, deberemos devolver al mar para que continúen su ciclo de vida y tengan una talla reproductora, la que puede ser perfectamente los 600-800 gramos de peso.

Estos alevines serán de diferentes años atrás.

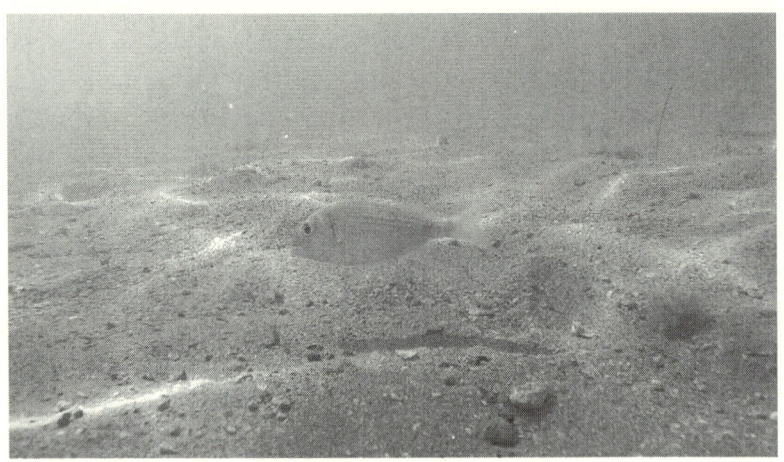

Imagen capturada por el autor. Alevín de dorada
con apenas 10 cm en la misma orilla

¿Qué tamaño puede alcanzar la dorada en el Mar Menor? Esta especie tan peculiar de la zona puede alcanzar, y siempre desde mi opinión personal y experiencia, un peso de unos 2 kilos de media en ejemplares grandes; las medias normales de esta zona rondan de los 800 a los 1200 gramos, y como excepciones personales, alguna Pepa de 3,6 kilos, incluso alguna que recuerde vagamente más grande.

La dorada en este mar crece y se reproduce en cantidades inimaginables.

Contaros que en las últimas temporadas desde costa han salido piezas que rondan los 2 kilos pasados, y se puede dar la ocasión de sacar varias en la misma jornada, buscándolas en sus fechas citadas con anterioridad.

Resumiendo un poco: noviembre, diciembre, enero, febrero y parte de marzo tentaremos la lubina, y el resto de meses dejarán paso a la pesca de la dorada. Tened en cuenta que esto es bajo mi punto de vista y mis experiencias, y que en cualquier momento y fecha nos podemos llevar esa sorpresa que tanto buscamos desde costa, sea lubina o dorada.

Con todo lo aprendido, pasaremos a ver las técnicas para las piezas más buscadas del Mar Menor, como son la tan preciada lubina y la maravillosa reina del *surfcasting*, la dorada.

Pesca de la lubina

Como equipo, no necesitaremos gran cosa, dependiendo con qué estilo o técnica las vayamos a buscar. Por ejemplo, si las buscamos a *spinning*, os recomendaría una caña de 2,70 m con una acción de 30-70 gramos, un carretico de gama media con pelo fino, un trenzado del 0,16-0,20 mm sería ideal para lograr buenos lances a las orillas colleras o bocanas, todo esto acompañado de un fluorocarbono del 0,23 mm y sin subir mucho el grosor. Recordad que a tiro de caña estaremos pescando en una balsa de aceite cristalina y estos peces son muy astutos.

Cuando digo que será una balsa de aceite, ya que la mayoría buscamos los días buenos para la pesca, pero realmente si vamos con temporal, que apenas podamos lanzar, tendremos más oportunidades de clavar ese ejemplar de foto, ya sea a «spinning» o al vivo.

¿Cuánto fluorocarbono pones? A mí me gusta meterle el justo para que me permita lanzar sin dañar ningún nudo y sin que me tropiece en las anillas, es decir, suelo meterle aproximadamente un metro veinte.

Los señuelos principales van a ser anguilones de silicona usados con bombeta o con pequeños plomos, artificiales de superficie entre los 5 centímetros y los 12 centímetros, tales como minows, pachencos, popper y paseantes.

¿Qué señuelos son esos? Estos señuelos son artificiales que imitan a pez pasto huyendo o heridos. Los colores que mejor me han ido en jornadas de *spinning* para señuelos duros han sido los verdosos con algunas manchas en negro como si fueran lunares, señuelos llamados coloquialmente **«gitanas»**. *¿**Con qué te ha pegado?** Con la gitana. ¿**Popper?** No, hundido el minows.*

Personalmente, suelo colocar el pachenco de primeras, con lomo verdoso y barriga casi transparente con destellos. Este señuelo lanza bastante, su recogida debe ser errática, nerviosa, con tirones o cachetes energéticos, y a su vez recogidas de carrete. Es un señuelo que a simple vista veremos si está funcionando correctamente. Va muy bien cuando la lubina está atacando en superficie ciegamente, pero, a su vez, si está recelosa, es capaz de levantarnos alguna pieza. El paseante a mismos colores es otro que me lleva loco, tiene muy buen lance y, en esta ocasión, su recogida debe de ser lenta proporcionando cachetes cortos. Veremos su movimiento en superficie realizando un seseo como si de un pez herido se tratase, un caramelo para esa lubina recelosa. Los minows me han dado capturas, pero no suelo usarlos a no ser que algún compañero tenga picadas. Desde embarcación sí que son muy recomendables para realizar el curricán.

¿En qué zona podemos encontrarlas? En el Mar Menor tenemos muchas zonas buenas, pero, por lo general, la desembocadura de Ramblas y las bocanas de los canales es de alto porcentaje en picadas. Si ahora mismo tuviera que escoger una zona en concreto, tendríamos la Finca de lo Poyo y el Carmolí como una de mis zonas favoritas para esta pesca a *spinning*, pero no podemos descartar las bocanas del canal de la Gola y del Estacio. Si tenemos ganas de mojarnos, en el final de La Manga, la Veneciola, entre islotes que dan al Mediterráneo, también podemos encontrarlas. Si lo que vamos a hacer es probar suerte, en cualquier orilla del Mar Menor podemos lanzar nuestros señuelos a la caída del sol como mejor hora y, en cualquier momento del día, tener nuestra captura, siendo los mejores lances entre boyas marcadoras de fondeos.

La lubina del Mar Menor corre por las playas, en un palmo de agua, y es ahí donde le podemos hacer la espera con nuestro equipo de **spinning**, aunque últimamente nuevas técnicas y tecnologías invaden nuestros terrenos, como la pesca a Rock Fishing y artefactos como los kayaks, patos y vadeadores que facilitan bastante la búsqueda de la lubina por las orillas del Mar Menor.

No es el primero ni será el último que pescando a pan boyado pesca una gran lubina. ¿Cómo es esto? Muy sencillo, es-

tamos toda la tarde echando pan al mismo sitio, el mújol coge confianza y se pone como loco. Se ponen ciegos a comer pan, pero siempre al acecho tiene a la lubina esperando el despiste. ¿Cuándo está el mujol despistado? Cuando tiene el morro metido en nuestro pan boyado, es el momento en el que la lubina aprovecha y ataca, con la mala suerte que nuestro pan tiene un montón de anzuelos en los que va a quedar atrapada y ese día tenemos que echar una primitiva.

En mi época buena de «spinning» siempre llevaba el equipo en el coche, cualquier momento era bueno para hacer unos lances, y más de una vez, sin ir de pesca como tal, simplemente de pasada, he tenido grandes capturas.

Rock Fishing, nueva técnica que invade España en busca de pequeños predadores y no tan pequeños, no la he practicado mucho por falta de tiempo, pero estoy seguro de que, con estos equipos tan ligeros capaces de lanzar un señuelo de 2, 3, 4 gramos a una distancia espectacular y pudiendo usar señuelos de hasta 25 gramos, son muy eficaces en el Mar Menor en busca de la lubina y de la dorada.

Estos equipos de **Roky,** como los llamamos en mi zona, constan de una caña de dos metros a dos cuarenta con una acción comprendida entre los 2 y los 23/35 gr, no más, y acompañadas de un carrete 2500 de gama media o alta con una capacidad de al menos 80 metros de un trenzado del 0,06 mm, pudiendo usarse grosores de 0,22 mm y con su *leader* del 0,23, incluso más fino.

Los señuelos que utilizaremos en este caso serán pequeñas muestras de apenas 5 cm y hasta 10 cm. ¿Qué tipo de señuelos? Los señuelos más usados en esta técnica son cabezas plomadas acompañadas de pequeños vinilos que simulan gamba, aguilón, incluso pequeños crustáceos muy efectivos en el Mar

Menor, pudiéndose usar pequeños jigs de 3 a 20 gramos, con los que podremos tentar a la lubina y a la dorada.

Los kayaks son muy utilizados por pescadores deportivos para practicar la pesca de la lubina y de la dorada, tanto al curricán como *spinning* y fondeado. Aunque los llamados **Patos** están echándole el guante en estas modalidades, ya que son más manejables a la hora de transportarlos, tanto en coche como por la playa.

Llegué a tener un kayak durante cinco años, y la verdad casi olvido lo que era la pesca desde costa, gracias a los buenos resultados pescando la dorada, una de mis pasiones deportivas y que, a veces, se complica tanto su captura. Pero ya con cierta edad y con la familia no tenía el tiempo suficiente para sacar el artefacto y decidí deshacerme del kayak para darle más paso al «surfcasting», que es algo que en un momento montas y desmontas sin tener que pasar por cocheras y sin tener que hacer esos esfuerzos a la hora del transportar el kayak. Bueno, centrémonos en la pesca desde costa.

¿Cómo y cuándo lo hago si quiero pescarlas desde orilla con las cañas de *surfcasting*? Bien, para empezar, hablaremos de los equipos necesarios, que es bastante importante, aunque no requiere de equipos de alta gama. Los equipos deberían ser cañas de 4 metros o 4,20 con una acción de al menos 200-225 gramos. Por norma general, siempre podremos usar la que tengamos por casa, pero se recomiendan estas medidas y acciones para tener un lance medio decente, aunque ya veremos que no requieren un lance muy largo. Nos harán falta un par de carretes de *surfcasting,* al ser posible con una línea de al menos de un 0,35 o 0,40 mm, aunque podremos usar pelos finos, como 0,18 o 0,20 mm, con su cola de rata, pero para el caso no será necesario. Un par de pinchos de playa o, en su defecto, un trípode. Personalmente, para esta pesca me gustan más los pinchos de playa, ya que podremos separar las cañas bastante más y cubrir más campo. Se me olvidaba, necesitaremos una caña de mano sensible de unos 5 metros para pescar el mújol, un oxigenador y un cubo.

Sí, para realizar esta pesca antes tendrás que ir a pescar los mújoles y, dependiendo de la época del año, estos se complican bastante, pero aquí vamos a ver cómo lo ponemos más fácil y sencillo. ¿Cómo consigues el cebo? El cebo es una historia de la leche. Primero, coger los mújoles vivos; después, mantenerlos vivos y transportarlos. Vaya trastorno.

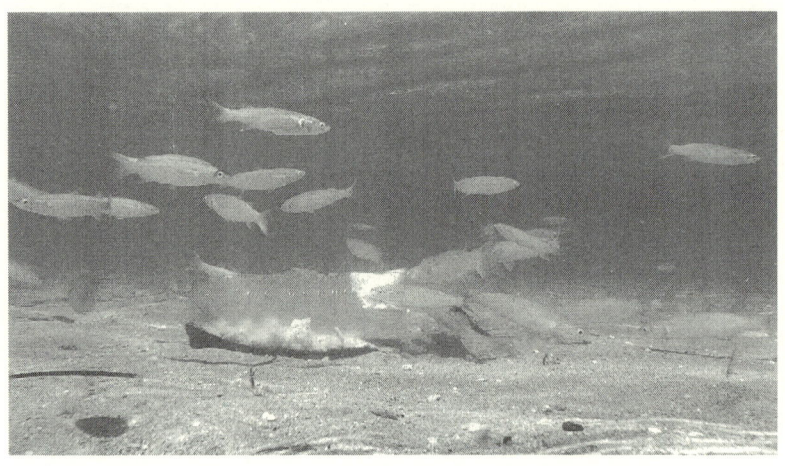

Imagen tomada por el autor pescando mújoles con bote

Los mújoles en invierno o temporal no son fáciles de coger. Para ello, y después de mucha experiencia, os cuento la mejor forma de cogerlos en estas condiciones extremas que, sin lugar a dudas, su resultado es más óptimo en días de calma y sin frío. Para pillar al mújol usaremos un corcho muy pequeño, pero que seamos capaces de ver a unos 8 metros de distancia, 2 gramos o 3, una soca así. El cebo que usaremos será pan del día, recién hecho de moya, este es el cebo estrella del mújol en temporal. Pondremos en nuestro anzuelo una moya de pan sin chafar, sin apretarla en el anzuelo, de tal forma que esta, al tocar el agua, se hinche tan natural como sea posible. ¿Eso se cae? Si no tenemos buen pulso, se nos caerá nada más mover el corcho un poco, pero queremos pescar lubinas, pues atentos a cualquier movimiento del corcho y dadle un tirón seco para clavar estos mújoles tan escurridizos. Siempre podemos grumegear o brumear con pan la zona para que acudan más de ellos, pero eso no facilitará nuestro trabajo, ya que necesitaremos mújoles de un buen tamaño que sean capaces de soportar las condiciones de llevar una potera a cuestas; hablamos de piezas de unos 16 cm, que no nos dé miedo por tamaño, ya que las lubinas son depredadores capaces de engullir de un bocado a piezas que casi son la mitad que ellas mismas.

¿Qué fecha es la ideal? La fecha ideal para pescar la lubina en el Menor es cualquiera, pero los meses de septiembre a febrero tendremos muchas más posibilidades de realizar una jornada con éxito. Las mejores zonas son todas, y cuando digo todas son todas; **NO** podemos hacerle ascos a ninguna playa del Mar Menor. Esta pesca la tendremos que hacer, al ser posible, en los temporales. ¿Con el viento y la lluvia? Correcto, son las condiciones óptimas. También salen con la mar calmada hecha un plato y sin frío. Pero el verdadero pescador de lubinas con vivo lo hace en esas condiciones, al ser posible el viento de cara, ya que se dan piezas de mayor tamaño y en mayor número.

Seguro que te preguntas el tamaño del cebo. Os contaré que saqué en un par de ocasiones alguna lubina que venía solamente con la cabeza del mújol en la boca, es decir, le entró la cabeza y ya no iba ni para dentro ni para fuera, prácticamente, el mújol más grande que la lubina y sin pincharse en el anzuelo. Increíble pero cierto, así me quedé yo mismo boquiabierto.

Una vez que tenemos media docena de mújoles, ya podemos irnos a nuestra zona de pesca. Los mújoles no tienen por qué ser pequeños, aguantarán más los de palmo, incluso poco más de palmo, mejor. ¿Cómo los mantenemos vivos? Para mantener estos peces vivos, lo primero que tenemos que hacerles son varios cambios de agua en el sitio donde los hemos pescado, ya que los peces defecan y este amoniaco los suele matar en pocos minutos en nuestros cubos, pero, una vez cambiada el agua tres o cuatro veces, estos estarán bien con un oxigenador. No es el primero que consigue coger cuatro mújoles en invierno, se va corriendo al spot y, cuando llega, están muertos. *¡Echamos la culpa al oxigenador!* La culpa es nuestra por no haber cambiado el agua y eliminado esas heces que sueltan nada más echarlos al cubo. Esto me parece ya un lío, pero ¿cómo cebo el mújol? Buena pregunta. Tendrás que hacerte de una aguja de sardina, suelen ser acero inoxidable, en una punta tendrá un buen filo para clavarla en nuestro cebo y en el otro extremo una gaza bien cerrada. Si cuando la recibimos o la compramos, esta lazada no está bien cerrada, cogeremos unos alicates y la cerraremos lo que podamos. Tendremos que usar poteras reforzadas sin brillo y un largo hasta nuestro giratorio de caña de aproximadamente metro veinte, y, cómo no, un plomo corredizo de unos 80 gramos que facilitará el lance del mismo. ¿Por qué lo de la aguja? Muy sencillo. Cuando estemos trabajando el cebo y pasando nuestra aguja por el cebo, al salir esta por el otro lado, podremos dañar al mújol, y para poner el mújol, retiraremos tres o cuatro escamas en su lomo lo más pegado a la cabeza, pero sin pasarnos, usaremos el filo de la aguja para esta acción. Tras realizar esto, pasaremos con mucho cuidado la aguja de sardina dirección a la cola, no es necesario atravesarlo entero ni es necesario pasarle la aguja por su interior, con que lo pasemos unos 5 centímetros y vaya a ras de la piel será suficiente. Mucho cuidado, al terminar de pasar la aguja con la gameta es cuando podemos enganchar la piel del mújol al sacarla y dañarlo sin necesidad. Un buen truco, aparte de cerrar todo lo que podamos la gaza de acero inoxidable, sería girar la aguja y buscarle la postura para que no enganche la piel del mismo. Una vez pasado todo el nailon de la puntera, meteremos la pata de la potera dentro de su piel con cierto cuidado y dejando dos anzuelos apoyadas en el lomo del mújol y un tercero mirando hacia arriba. ¿Por qué tan delicado? Seremos delicados porque no deja de ser un vivo, y, al terminar nuestra jornada, deberemos soltar estos mújoles, con lo cual, cuanto menos daño le hagamos, mejor, y estos se recuperarán y seguirán su ciclo vida sin ningún problema si hacemos las cosas bien, aparte de una buena presentación de cebo.

Ya tenemos nuestros mújoles, nuestras cañas montadas con nailon y un plomo corredizo de 80 gramos, y de terminal, un giratorio, más o menos metro veinte de un fluorocarbono o nailon. Dependiendo de la luna, lo único que nos queda es lanzar nuestra caña y esperar. No tendremos que hacer mucho más a lo largo de nuestra jornada de pesca, salvo darle una vuelta a los mújoles cada dos horas si no hay movimientos. Esto cambiará si pescamos a orillas del Mediterráneo en las cercanías de los canales de paso de agua, ya que son zonas muy buenas para la lubina, pero nos harán falta bastantes mújoles, ya que el Mediterráneo, por desgracia, tiene muchos más depredadores que comparten condiciones en estas fechas de frío, y, al igual que la lubina, se acercan a las orillas, como son los calamares, las sepias, pasadores, congrios, chuchos y un sinfín de especies que atacarán a nuestros mújoles durante la jornada.

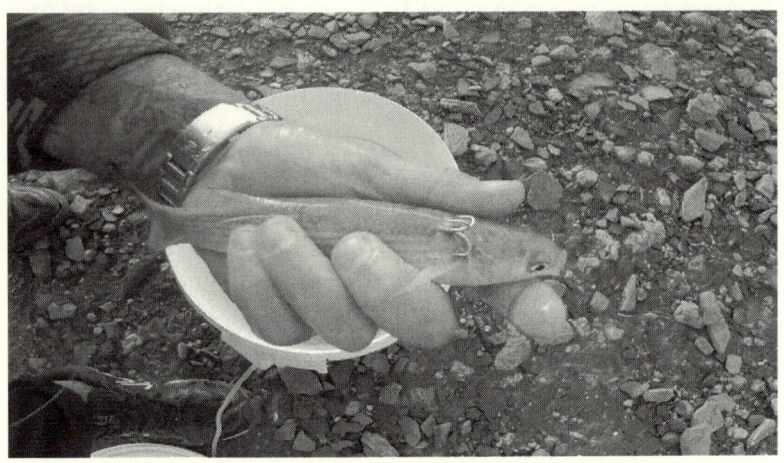

Cebado de mújol por Andresiko, realizado con mucho temple bajo condiciones meteorológicas adversas. Es que cuando el frío aprieta, esta es una de esas cosas donde los guantes sobran para poder realizarlo en condiciones de hacer el menor daño posible al cebo.

¿Parece fácil? Os recomendaría que el freno del carrete esté bastante suelto, ya que la lubina es muy avispada y en cuanto note algo de tensión escupirá nuestro cebo. Más de una vez saldrá nuestro cebo vivo, pero le notaremos cosas raras, como que sale medio sin escama y paralizado. Esto es debido a que una lubina lo ha tomado, ha sentido algo raro y ha escupido; ya se empieza a complicar la cosa un poco más. Es recomendable dejar la línea algo destensada, en banda, cosa que, si pescamos con temporal, nos resultará complicado. Una buena opción es dejar la caña con el patín abierto a tope y un luminoso en punta, veremos la acción de nuestro cebo. ¿El cebo mueve la caña? Imaginaos en medio de un bosque lleno de osos, yo echaría a andar en alguna dirección buscando protección, pues nuestro cebo hará lo mismo, buscará protección en todo momento, con lo cual, el puntero de la caña no dejará de moverse prácticamente en toda la jornada. A mí me daba alegría verlo quieto o con movimientos diferentes. ¿Pero eso qué quiere decir? Nos está diciendo que el cebo está un poco asustado, quizás parezca una tontería. Pero la lubina siente al mújol y el mújol siente a la lubina. Si estamos muy atentos a nuestras cañas, veremos estas cosas tan bonitas. Una parada del mújol que por momentos mueve nuestra puntera con nerviosismo y, cuando menos te lo esperas, tendremos una lubina de gran tamaño al otro lado de la línea. Quizás las primeras jornadas se hagan pesadas, duras, frío, agua, viento, trasnochar, pero los resultados están garantizados antes o después.

¿Qué horas son las mejores? La hora que más me gusta para pescar la lubina, sin lugar a dudas, el atardecer y el amanecer. En el primer caso, el sol escondido, e incluiremos las dos primeras horas del oscuro hasta las nueve y media de la noche, al igual que contaremos con un par de horas antes y después del alba, siendo estas las mejores horas sin lugar a dudas, teniendo en cuenta que durante el día podremos tener capturas en cualquier momento, sobre todo, en zonas de aguas profundas, como son espigones, sean de piedra, bloques o puerto.

¿Qué técnica te gusta más? A mí personalmente me gusta pescarlas al vivo desde costa y durante un temporal nocturno, no me preguntes por qué, pero el *spinning* realmente lo realizaba mientras pescaba al vivo o de regreso a casa hacía alguna parada, y sí le he sacado capturas a *spinning,* pero la técnica con la que realmente me siento más cómodo es al vivo en cualquier playa, y os puedo asegurar que tengo mis sitios favoritos como todos, pero creo que la mejor playa es la mejor compañía, esa espera y un saco de pipas.

Siempre tenía una caña de «spinning» en el coche, y cuando me recogía de fiesta me hacía el tour por las zonas que me gustaban de camino a casa, y no siempre, pero más de una vez llegaba con una lubina en vez de que con una cogorza.

Pescando al vivo es una pesca mucho más elaborada que requiere de mayores conocimientos desde mi punto de vista. Una vez que tienes la experiencia necesaria, seguramente solo necesites unas horas para hacerte con un buen ejemplar de lubina. Al *spinning*, lo más relevante es conocer las mareas, la luna, las sombras, las algas, el fondo, observar mucho la mar y lanzar nuestro señuelo una y otra vez incansablemente a la zona que creemos que pude tener un ejemplar al acecho, y si no tienes resultados, seguir en otra zona. Con el vivo ya conoces las zonas gracias al *spinning*, a la pesca del mújol y de la dorada. Pero en condiciones normales he obtenido capturas al vivo en prácticamente todas las playas del Mar Menor, y, ¡ojo!, los bolos están a la orden del día, así que no desistas y sigue intentándolo.

Os cuento una jornada que jamás olvidaré. Hace ya algún tiempo, en pleno mes de noviembre, me acerqué, después de trabajar, a la Algameca Chica (Cartagena) donde habitualmente capturaba mi cebo para pescar la lubina. Prácticamente no podía pescar, del viento que entraba de levante; el pronóstico era muy malo y con agua. Pero seguí adelante, conseguí varios mújoles de buen tamaño especiales para esta jornada; no recuerdo el número exacto. Seguí la vía normal, varios cambios de agua, mi oxigenador y lanzado al sitio. Esta vez elegí la Rambla del Carmolí, viento de cara a tope. Al rato de oscurecer, comenzó a llover. Ya tenía mis cañas cebadas y en el agua, así que solo me quedaba esperar. Entré en mi coche y decidí que cada hora saldría a ver las cañas, ya que un luminoso y estar delante de las cañas era imposible. En la primera ronda logré capturar un ejemplar que rondó los dos kilos de peso y tan solo había comenzado a pescar. Cebé de nuevo y, ya pensando en irme a casa por las circunstancias climatológicas y con una pieza en la nevera, pasado un rato me acerqué con mi chubasquero, con mis botas, de nuevo a ver las cañas entre pensamientos de irme a casa. Increíble, una de las cañas estaba completamente en banda. Comencé a recoger línea notando simplemente el viento y el agua en la caña. ¡¡¡Pero sorpresa!!!, el plomo estaba en mis pies, cosa que no podía creer y no era capaz de sacar el mújol del agua, un gran peso muerto; creía que era un gran plástico o bolsa de basura. Estuve intentando sacarlo durante unos segundos, pero pensé, «algo pasa aquí». Me metí con las botas, seguí la línea, y una lubina de gran tamaño estaba descansando de su cena en mis pies. No recuerdo el peso, pero el doble que la anterior, que era una pieza normalita. Así que recogí las cañas y me fui a casa supercontento, satisfecho y con dos piezas de vértigo: la recompensa.

En otras ocasiones he tenido que meterme en el agua en busca de la caña, que había sido arrastrada por una lubina al olvidarme de abrir el freno. Y os aseguro que no da gusto ir a casa, coger el traje y meterse al agua en pleno invierno con un temporal de narices. Pero estas cosas son las que le dan vidilla a este tipo de pesca; si fuera tan fácil no sería lo mismo.

Si hablamos de las zonas que me gustan, destacaría, por cercanía a Cartagena, El Carmolí y Los Nietos, pero me gustan mucho las playas de La Manga cercanas a las bocanas de los canales y puertos, siempre en zona de playa o suelo duro y donde esté permitida la pesca recreativa. En ocasiones, si se da bien la captura del cebo, he tocado la playa de las Amoladeras y bocana del canal del Estacio o de la Gola ya pescando al Mediterráneo.

Os animo a probar esta técnica, ya sea en estas aguas o en cualquier zona del litoral, pero que la comencéis con días buenos, que estoy seguro de que tendréis vuestra recompensa en cualquier momento. Estas jornadas de pesca las podemos realizar de día y con sol en espigones y colleras, tanto con el mújol a fondo como en superficie colgado a la percha, como se dice comúnmente en mi zona.

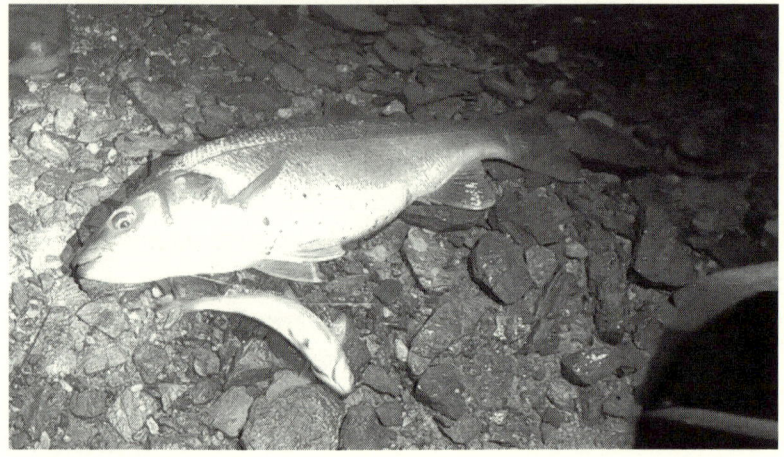

Lubina capturada en aguas del Mar Menor en diciembre del 2023, junto a otro gran aficionado como es mi padre Andrés, con vientos de norte racheado hasta de 22 Knots (45 km/h) con una sensación térmica de 5 grados y tentación de lluvia, un pronóstico de sofá; una captura merecida.

Cebos para la lubina

Como ya estamos viendo, el cebo por excelencia para lubina es el mújol, pero incluiremos en esta lista alguno más que me ha dado buenos resultados y que también puedes probarlo, como, por ejemplo, la sarpa o salpa. La pescaremos al igual que el mújol, con caña de mano y con el mismo cebo descrito con anterioridad, con la diferencia de que esta la buscaremos en bloques o piedras en las orillas del Mediterráneo para grumegearlas y meterlas en nuestros pies. El recebado se llevará a cabo echando el pan prácticamente encima de la piedra para que vaya bajando por la misma poco a poco; las pescaremos prácticamente tocando las piedras con la boya. He intentado sacar una talla razonable entre los 12 y los 16 centímetros, pero si no hay actividad y sacamos una de 20, también nos valdrá. Otro cebo que funciona, pero que me gusta menos, ya que aguanta muy poco vivo en nuestro aparejo, es la boga, que en ocasiones tocaremos alguna pescando los mújoles, ya que la buscaremos de igual forma, pero en más profundidad. Podemos tener picadas de lubina ocasionales pescando la dorada con cualquiera de sus cebos, lombriz, coreano, titas, cangrejo, etc.

Recuerdo alguna jornada, en busca de la dorada con bibis y coreano, sacar alguna leona. Estas están merodeando durante todo el año, como os he comentado, y no es nada raro sacar de vez en cuando alguna lubina con cebos para otras especies. Te puedo contar algunas anécdotas raras que no me han pasado a mí, pero sí lo he visto en directo. Una persona asidua a la pesca de los mújoles en el Mar Menor a pan boyado sacó una lubina de talla enredada en el aparejo tradicional para esta pesca; debió entrarles a los mújoles comiendo y quedó pillada, cosas que pasan en el Menor.

Pesca de la dorada

La dorada, la reina del *surfcasting*, una especie esquiva y difícil de capturar en cualquier playa, una especie que tanto satisface al pescador de caña desde costa y alcanzando tamaños muy razonables que nos regalan buenos combates. Lo primero que vamos a ver en las doradas del Mar Menor, sea capturada en el Menor o en el Mediterráneo, serán sus colores, colores muy intensos; cabe destacar su lomo verdoso, barriga blanca y cabeza jilguera, y es así que en el Mar Menor sus tonos rojos y amarillos se realzan a extremos, dando unas piezas de un colorido espectacular. Con ese colorido se ganaron hace muchos años un valor gastronómico añadido con el nombre de «Dorada del Mar Menor».

¿Qué comen en el Mar Menor? Como hemos citado con anterioridad, la dorada en el Mar Menor encuentra todo tipo de crustáceos autóctonos de la zona, como pude ser el cangrejo común, el ermitaño y galera, pero también se encuentra diferentes tipos de gusanos, almejas y pequeños peces.

Con sus fuertes mandíbulas, es capaz de chafar un anzuelo del 2/0; también puede triturar caracolas, berberechos y peludas. Son verdaderas máquinas. Con lo cual no andaremos con chiquitas en esta pesca, si lo que buscamos es una pieza de talla y un buen combate.

Encontraremos la dorada en cualquier orilla del Mar Menor, ya que todas sus playas tienen su peculiaridad y sus zonas de paso. Estos ejemplares pastan por encima del alga Oreja de liebre y a los bordes de la Posidonia oceánica, en ocasiones, buscando refugio entre la misma, así que serán nuestras zonas de pesca.

¿Qué equipos hacen falta? Los equipos son imprescindibles en esta técnica. Usaremos cañas de *surfcasting* en la mayoría de los casos con carretes preparados para lances medios y largos. Estas cañas de 4 metros en adelante capaces de lanzar al menos 80-100 metros y pudiendo alcanzar distancias de 160-180 metros desde la orilla en gamas altas. Por otro lado, tenemos cañas más cortas de 2,70 o 3 metros con carretes pequeños muy manejables para pescarlas al cantil en colleras o espigones con un buen fondo, donde el lance queda reducido a 30 o 40 metros, siendo tan eficaces como en la pesca desde playa.

Las cañas de *surfcasting* que recomendaría deberán ser principalmente de acción híbrida o puntero híbrido, con él conseguiremos ver la picada de cualquier pieza que se acerque a nuestro cebo, pero, si lo que buscamos es un gran lance, nos harán falta cañas tubulares, aunque, independientemente de que sean híbridas o tubulares, lo ideal es que su carbono o dureza sea de 30/33/35 o una acción de al menos hasta 225 gr para lograr unos buenos lances. Si conseguimos un lance de al menos 80 metros, ya estaríamos en una buena zona, siendo lo ideal entre los 100 y los 160 metros de distancia. No quita que tengamos capturas a 40 metros o menos de la orilla, pero si conseguimos estas distancias largas, tendremos oportunidad de probar diferentes distancias y no estar limitados por nuestro lance.

Los carretes son fundamentales para lograr estas distancias. Serán necesarios carretes específicos de *surfcasting* o similares que nos permitan pescar con pelos finos. Llamaremos pelos finos a los usados en líder por debajo del 0,30 mm, aunque, personalmente, suelo usar un 0,20 para lograr lances largos con menos esfuerzo, ya que, si pescamos por debajo de esta medida, tendremos roturas, ya que las orillas del Mar Menor son poco profundas, el plomo puede quedar enterrado o entre algas, y con las líneas demasiado finas tendremos roturas. La recogida o ratio de estos carretes estarán en torno a 6:1 o con unas recogidas por vuelta de manivela que varían, según modelos, entre los 86 centímetros a 106, siendo estos últimos los más recomendables para el Mar Menor y Mediterráneo en la zona de La Manga, ya que necesitaremos plomos específicos que se levanten del fondo.

¿Qué plomada usas? Recomiendo usar al menos 120 gramos, pero se pueden usar plomos más pesados dependiendo del equipo que estemos usando y lo que nos permita dicho equipo.

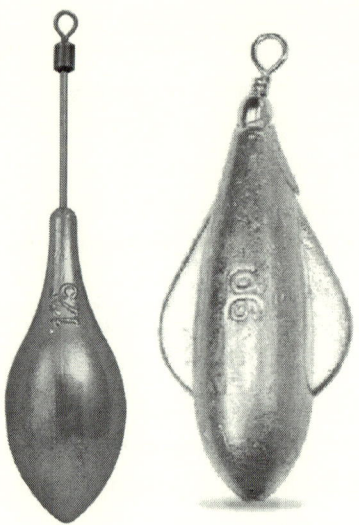

Plomo bala   Plomo con alas

Personalmente, utilizo plomos de 140 gramos de bala, no son los más indicados, ya que no están diseñados para que levante rápido del fondo, pero me da más distancia que los específicos de aletas que levantan antes.

¿Y los anzuelos? Bueno, aquí hay un buen dilema. Suelo usar un número muy variado dependiendo del cebo y de la zona, claro está, pero el más común sería el número dos y, pudiendo gastar un dos cero para cangrejo o titas de palangre, recomiendo usar anzuelos de gama media o alta. ¿Y el nailon? Aquí os voy a contar un poquito y muy breve, porque con estos pescaditos hay que tener cuidado con lo que metemos. Preferentemente usaremos fluorocarbono para empatar nuestro anzuelo. Los números que suelo gastar van del cero veintiséis al cero treinta y siete, dependiendo un poco del cebo, la zona y la fecha en la que me encuentre. Daremos un largo al anzuelo por encima del metro y medio, teniendo en cuenta que, cuanto más largo, mejor, pero tampoco hay que pasarse; yo suelo poner, si la zona me lo permite, un par de metros. Cuanto más largo le demos, más confianza tendrán a la hora de entrar a nuestros engaños. Para el montaje completo nos hará falta un urfe, bien casero o bien comercial, que nos facilitará el trabajo a la hora de enganchar nuestro plomo y nuestro anzuelo, aunque se puede usar plomo corrido con su giratorio o aparejo de dos anzuelos en chambel por largo, pero a mí, personalmente, me gusta usar un único anzuelo con urfe.

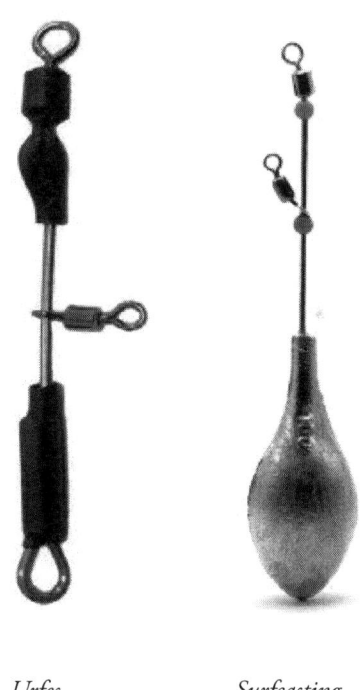

Urfes   *Surfcasting*

Las cañas que usaremos en espigones y colleras tendrán un largo que comprenden entre los 2,5 metros a los 3,80, preferentemente cañas de acción parabólica o híbrida, montadas con carretes tamaño 5000 con una línea madre del 0,30 al 0,40, dependiendo de lo rocoso que sea el spot y el acercamiento a costa de las piezas. En estas ocasiones, recomendaría montar el equipo con plomos corredizos de oliva con un peso de 60 u 80 gramos con un giratorio color mate de un tamaño medio del número 4 más o menos, pero siempre podemos usar el que más cómodo nos venga. El largo de los anzuelos lo ajustaremos a la zona de pesca, bien por los problemas que podamos tener al lanzar o bien por el tipo de fondo, pero, en todo caso, recomendaría un mínimo de unos 80 centímetros.

En estas situaciones de pesca *surfcasting*, espigón o piedra, podremos usar como portacañas, pinchos de arena de más de un metro, que nos ayudarán a detectar la picada, o un trípode para playa o piedra según situación; si no podemos utilizar pinchos de playa o trípode, optaremos por los típicos pinchos de piedra.

¿Cómo colocas los pinchos de arena o el trípode? Esto dependerá de nuestros equipos, pero, por lo general, el pincho de playa, si utilizamos cañas tubulares de gran acción, deberemos usar bagas para detectar la picada, con lo cual pondremos nuestros pinchos un poco inclinados hacia el mar, de lo contrario, con cañas híbridas acostaremos nuestras cañas al contrario del mar para que el puntero trabaje correctamente y detecte las picadas lo antes posible. En el caso de pescar con trípode, podemos hacerlo al gusto; a mí personalmente me gusta ponerlas lo más vertical posible, sea con híbridas o con tubulares. En el caso de piedra o espigón, trataremos de poner nuestros equipos lo más acostado posible sin que tengamos problemas de caídas al mar, sea de equipos o nosotros mismos, ya que los lances son más limitados, las punteras más cortas, y apostándolas, tendremos más posibilidades de ver la picada de la dorada y que la dorada no sienta la fuerza o la presión de nuestro equipo, dándonos oportunidad de clavarla en el caso de usar cangrejo.

¿Qué son las bagas?, así la llamamos en nuestra zona. Son detectores de picada, se colocan entre la primera y segunda anilla, pero va al gusto, ya que las he visto colgar del propio carrete con un peso que puede variar según el estado de la mar, pero suele rondar de los 30 gramos al peso que tengamos de lance. Esta se moverá hacia arriba o hacia abajo según el pescado coma hacia la orilla o hacia fuera, o simplemente se balanceará. Quizás sea uno de los sistemas de picada más efectivos para ver la picada, pero siempre da más gusto ver como se mueve el puntero, aunque, en cañas tubulares, las bagas son casi imprescindibles para mí.

Los demás accesorios, que nos harán falta para realizar estas técnicas, son: las agujas para pasar el cebo, cortaúñas, tijeras, hilo de licra y, cómo no, repuestos de plomos, giratorios, urces y demás enseres necesarios para esta pesca.

Mis equipos son: cañas de dureza 33 e híbridas con un largo de 4,25 metros. Utilizo unos carretes de bobinas intercambiables las cuales van preparadas con diferentes diámetros que van del 0,16 mm al 0,25 mm, siendo el más usado por mí el 0,20 mm, con sus colas de rata que suelo usar las mismas para todas las bobinas, que comienzan en un 0,18 mm y terminan en un 0,57 mm. Mi anzuelo más común es un número 2 para titas y lombrices gruesas como es el americano; a este le doy un largo de unos 2 metros de fluorocarbono que suele ser del 0,33 mm, llegando a un 0,26 mm, y voy variando según el momento y estado del mar; voy usando plomadas de 140 gramos depen-

diendo de la zona a tocar, podría variarlas. Luego, suelo usar pinchos de arena de 150 centímetros o un buen trípode que no confunda movimientos en puntera.

Mis equipos para pescar desde roca o espigón constan de un par de cañas de 2,70 metros con puntero híbrido, unos carretes pequeños tamaño 5000, montados con una línea del 0,35 mm que me permite lanzar los cebos a una distancia aproximada de unos 30 o 40 metros, suficiente para pescar en dichas zonas; collera o espigones con un plomo máximo de 80 gr y, normalmente, suelo usar 60 gr.

Para realizar la pesca en el Mar Menor o en sus inmediaciones, necesitaremos presentar nuestros cebos lo más natural y fresco posible. Para ello, nos ayudaremos de agujas e hilo de media que lo usaremos lo menos posible, ya que los cebos blandos no quedan muy naturales al amarrarlos con este material. ¿Cuándo usaremos el hilo de media? Este hilo lo usaremos en mayor o menor medida durante las pesqueras nocturnas, donde ya el pez se guía simplemente por el olfato y no será tan receloso a la hora de comer. ¿Siempre lo usamos por la noche? De ninguna de las maneras, lo usaremos cuando la morralla esté a tope y deje nuestros anzuelos limpios como una patena, ese será el momento de usar el hilo de media en nuestros cebos blandos. Durante el día, recomiendo cambiar de cebo si es posible, usar un cebo duro como son los cangrejos, caracolas y almejas; durante jornadas de morralla nos puede ayudar tanto o más que con el hilo de media. Bueno, ¿y en lo cebos duros? Este hilo de media nos será muy útil a la hora de pescar con cebos como el cangrejo o la almeja, sea en este medio o en cualquier zona de pesca. Con este hilo nos quedará un cangrejo vivo hasta que alguna dorada u otro pez decida comérselo. El cangrejo podrá buscar cobijo en arena, piedra o algas, haciendo que el cebo sea muy natural y prácticamente no se note nada el anzuelo ni el hilo de media; para ello hay varias formas de poner el cangrejo: una sería pinchándolo y, otra, sin pinchar. Si hablamos del cangrejo pinchado, hay varias maneras de hacerlo, pero todas concluyen en dejar el cangrejo vivo y con el anzuelo descubierto para una buena clavada, al igual que sin pinchar, que adaptaremos nuestro número de anzuelo al tamaño del cebo. En el caso de la almeja, usaremos la media para atar el anzuelo por fuera o bien dentro, al gusto. En el caso del *surfcasnting*, usaremos este hilo de media o licra para el cangrejo con bastante más alegría, pensando pegarle con ganas, pero tampoco hay que pasarse, una cosa que esté bien y nos dé confianza de que el cebo llega al sitio en las mejores condiciones.

Estamos ya pescando, nuestras cañas en acción, sean cortas o largas. Optaremos por la postura del aguilucho como digo yo, sobre todo, si nuestro cebo es duro. ¿Por qué? La dorada es una auténtica máquina de triturar, y aunque en su estómago nos encontremos restos de conchas, caracolas y cangrejos, su forma de comer hará que nuestro anzuelo sea escupido sin que apenas lo notemos en nuestro puntero. La dorada, por naturaleza, cuando tiene su presa después de estar rondándola durante unos segundos, incluso minutos, que para nosotros se hacen eternos, esta cogerá el cebo con cierta desconfianza y lo soltará varias veces haciendo o no moverse nuestro puntero. En el caso de cebos blandos, tendremos paciencia a que trague o se clave prácticamente sola. En el caso de cebo duro, como es el cangrejo, en el momento que notamos la presencia de un ejemplar, tendremos que tener nuestra caña en mano, si es posible, con el puntero lo más bajo posible, notaremos como quiere arrastrarlo en un principio, y después notaremos toques secos; estos nos están diciendo que está machacando nuestro cebo y a su vez escupiéndolo. Será nuestro momento, nuestra única oportunidad de alzar nuestro puntero lo más alto posible con un tacto especial, queriendo pinchar esa dorada que está al otro lado triturando el cebo. ¿Y eso? La dorada posee una fuerte mandíbula, llena de fuertes muelas, y unos labios muy duros, con lo cual, si no le damos un buen cachete, la dorada se hará con su almuerzo y no tendremos ese combate tan deseado. Es muy complicado saber justo el momento del cachete, pero superefectivo cuando le cogemos el rollo.

Como curiosidad, te cuento que si la picada o los movimientos de nuestro puntero son muy alarmantes no coincidirá con el tamaño de la presa. Por lo general, las doradas de talla pescadas al cangrejo son más desconfiadas y harán que esos toques parezcan pequeños peces quitándole las patitas a nuestro cebo, y podemos perder una pieza si no detectamos esas picadas como una dorada de talla, así que, cuando pesquemos con cangrejo, cualquier movimiento del puntero será una señal de picada y procederemos a intentar clavarlo por leves que sean los toques. Trataremos de sentir cuándo tiene el cangrejo en la boca machacado y, antes de que lo escupa, daremos ese cachete energético con tacto para pinchar la pieza que rezaremos para que vaya bien cogida del labio y ponerla en seco.

¿Cómo lo hacemos con cebo blando? Con el cebo blando es relativamente más fácil que nuestra dorada sea capturada o pinchada, ya que, al comer, realizará lo mismo que con el cebo duro. El anzuelo quedará trabado en su mandíbula o en sus labios, y, en muchas ocasiones, la dorada se tragará el anzuelo con el cebo. Pero ahí no está todo hecho, seguimos teniendo el mismo modelo de mandíbula, con lo cual, cuando identifiquemos esta picada tan característica de la dorada y creamos que tiene el cebo en la boca o en el estómago, daremos un cachete de igual manera. Aunque nuestro anzuelo quede bien enganchado en el pez, aun así, y en muchas ocasiones, nuestra captura se soltará sin más a pocos metros de la orilla. ¿Por qué? Esta especie, además de poseer una fuerte mandíbula, posee un cuerpo que le da una fuerza descomunal y dará toda su potencia en la misma orilla. ¿Su combate? Ya tenemos todos los pasos hechos y llega nuestro momento, estamos a media mañana, vemos dos toques muy sutiles en nuestro puntero, cogemos la caña en mano, bajamos nuestro puntero dejando un poco la caña en banda, notamos como arrastra un toque y castañazo, nuestro puntero está arriba y arqueado. El momento de clavar es espectacular, la caña se queda como trabada en alto, con el puntero completamente arqueado mirando al mar, es cuando notaremos las primeras embestidas, que, dependiendo del terreno, durarán más o menos tiempo. El combate será más largo si tenemos zona de cobijo por el camino, ya que la dorada buscará algas, piedras o pozas, todo lo necesario para poder arrastrarse y quitarse la amenaza, de lo contrario, y en el caso de no tener nada por medio, el combate se decidirá en la orilla, sea de piedra o de arena. En ocasiones, después de una buena picada y empezar a recoger nuestro sedal, notaremos que apenas traemos peso, como si hubiéramos perdido hasta el plomo, pero lo único que está pasando es que nuestra captura sabe que no tiene nada que hacer, si no tiene zonas donde restregarse o cobijarse, acompañará nuestra recogida esperando el momento para el combate donde sí tendrá oportunidades de escaparse, donde todos tenemos fallos, esa zona es en la orilla. Cuando tenemos un palmo de agua es cuando la dorada intenta escaparse por todos los medios, usará toda su fuerza y buscará posturas imposibles para ofrecer mayor resistencia o restregarse con el fondo, incluso intentará meter la cabeza entre algas. En el Mar Menor tenemos un palmo de agua en la orilla, los salpicones están garantizados con estas luchadoras; tendremos que buscar la zona idónea para arrastrarla por la orilla sin rozar la línea con nada que pueda hacernos perder la captura, y por fin da la panza y podemos arrastrarla. En la zona de La Manga al Mediterráneo, dependiendo un poco de dónde estemos pescándolas, tendremos más o menos rompiente en la orilla que, en ocasiones, nos ayudará en el combate y, en otras ocasiones, nos harán perder la pieza, pero son gajes del oficio.

Si de lo contrario estamos en un espigón, donde tenemos más profundidad, la dorada vendrá pegada al fondo, nos irá peleando, intentando meter cabeza en cualquier piedra que tenga cerca, pero siempre tendrá una reserva; cuando esté más cerca de la orilla peleará con todas sus fuerzas arrastrándose por las piedras y buscando grietas donde meter la cabeza, incluso todo su cuerpo. Tenemos el hándicap de que tendremos que echarle la sacadera, y, como ya sabéis, no son tontas, es su última oportunidad. Es el momento de meter la sacadera donde más doradas se pierden, ya que rozamos la línea con la misma, incluso la dorada se pone más nerviosa y busca la parte baja de la sacadera produciendo la rotura de la línea del anzuelo.

En ambos casos, trabajaremos y disfrutaremos el combate el máximo tiempo posible. Esperaremos que el puntero, el freno y nuestro saber estar hagan el trabajo de cansar nuestra captura para que nos dé la panza y poder arrastrarla a la orilla o meterla en sacadera. Llega el deseado final: la foto y compartirla con los compañeros y familiares más cercanos.

Muy bonito, pero ¿cuál es tu cebo favorito? El cebo que más me gusta usar en cualquiera de las técnicas es el cangrejo verde y las titas, ya sean bibis o del Mediterráneo, aunque en jornadas largas suelo echarme galeras y americano para ir probando.

Ya solo nos queda elegir la zona de pesca. Como ya vamos conociendo un poco más el Mar Menor, y sabemos dónde puede entrar a comer la dorada, buscaremos una playa que tenga cierto fondo, aunque no esperaremos tener más de dos metros a tiro de caña, pero sí buscaremos zonas con un fondo variado como hemos descrito anteriormente, y no tendremos que preocuparnos por la Oreja de liebre o la Posidonia oceánica, ya que la presa que buscamos conoce muy bien cada rincón de este gran mar y entrará a comer en sus orillas buscando sus presas favoritas en dichos escenarios.

Para mi gusto, y desde mi experiencia, me gusta más la Oreja de liebre que la Posidonia, ya que la dorada tiene más protección en esta última por su altura y su espesor en cuanto a cantidad y altura, y nos resultará bastante complejo liberar la captura de esa zona, ya que, de la Oreja de liebre, que por muy espesa que esté su altura, dejará a la presa con menos refugios.

¿Qué zona te gusta más? Al igual que la pesca de la lubina, siempre hay rincones que me han ido bastante bien, aunque ya con el tiempo suelo visitar las zonas que me vienen más cómodas, como, por ejemplo, la zona de la iglesia de La Manga o a sus espaldas, mirando al Mediterráneo, la playa de las Amoladeras, la playa del casino al Mar Menor, la famosa playa de las Brisas, que muchos conoceréis por la pesca del magre o herrera. Pero también hay que reconocer que, por zonas incómodas, como puede ser el Carmoli, los Urrutias, lo Pagan, se mueve bastante la dorada, pero son algo incómodas de pescar. Por el contrario, una zona cómoda sería los Alcáceres, pero tienen una restricción de horarios un poco extraña y no se puede realizar la pesca durante el día sea verano o invierno, pero prácticamente toco todas las playas de La Manga según la fecha y lo que me

apetezca, sin tener en cuenta la jornada anterior, sea de bolo o con capturas.

¿Qué hora te gusta más? Desde mi punto de vista, las mejores horas para pescar en primavera y verano, sin lugar a dudas, es el mediodía, de las doce a las cuatro de la tarde, y ya pasaremos al momento del atardecer justo cuando el sol está ya escondido, que lo alargaremos hasta las once de la noche u once y media. Durante la madrugada y el resto del día se pueden dar capturas, pero serán más sueltas o separadas en el tiempo. Pasado el verano, me gusta bastante buscarlas por la mañana, del amanecer hasta las diez u once si hay picadas, ya que en estas fechas se me han dado ejemplares de más talla por la mañana, aunque en más cantidad de picadas al atardecer.

Cebos para la dorada

Ya estamos viendo mis preferidos para esta pesca: el cangrejo verde y las titas, ya sean bibis del Mediterráneo o de palangre, pero al *surfcasting*, espigón o piedra, podremos probar diferentes cebos que dan resultado. Podremos usar la lombriz americana, la galera, el cetruco, incluso lombriz catalana o caracola; la suerte está en el momento y lugar idóneo.

Podremos dar con otras especies realizando cualquiera de estas técnicas citadas, como la herrera, lenguado o la anguila del Mar Menor, siempre y cuando ajustemos nuestros aparejos y cebos.

En el caso de realizar la pesca al vivo, podremos tocar cualquier otro depredador, como son los pasadores, varios tipos de mantas, incluso varios tipos de tiburón en la zona mirando al Mediterráneo, como el famoso tiburón guitarra, especie protegida, la cual realizaremos su suelta en caso de captura inesperada, y la famosa manta a la que llamamos Chucho.

He probado muchas zonas de pesca en el Mar Menor y quizás haya probado todas las orillas del mismo a una técnica u otra. He tenido muchas y muy buenas jornadas de pesca en dicho mar. Siempre recordamos las buenas jornadas en las que tocamos grandes piezas o una buena cantidad, mis bolos o de compañeros se quedan en familia y como guía para seguir buscando rincones donde tener picadas y disfrutar de esta droga, **LA PESCA**.

Te animo a que pruebes estas técnicas de pesca que harán enriquecer tu pasión, ambas requieren de un esfuerzo en tiempo y económico, pero con todo lo aprendido en este libro te lo llevas como adelanto de garantías. Quizás comiences con un gran bolo o con una buena foto, en todo caso, deberás seguir intentándolo, investigar y probar las diferentes técnicas en la zona que te da más fe.

Índice

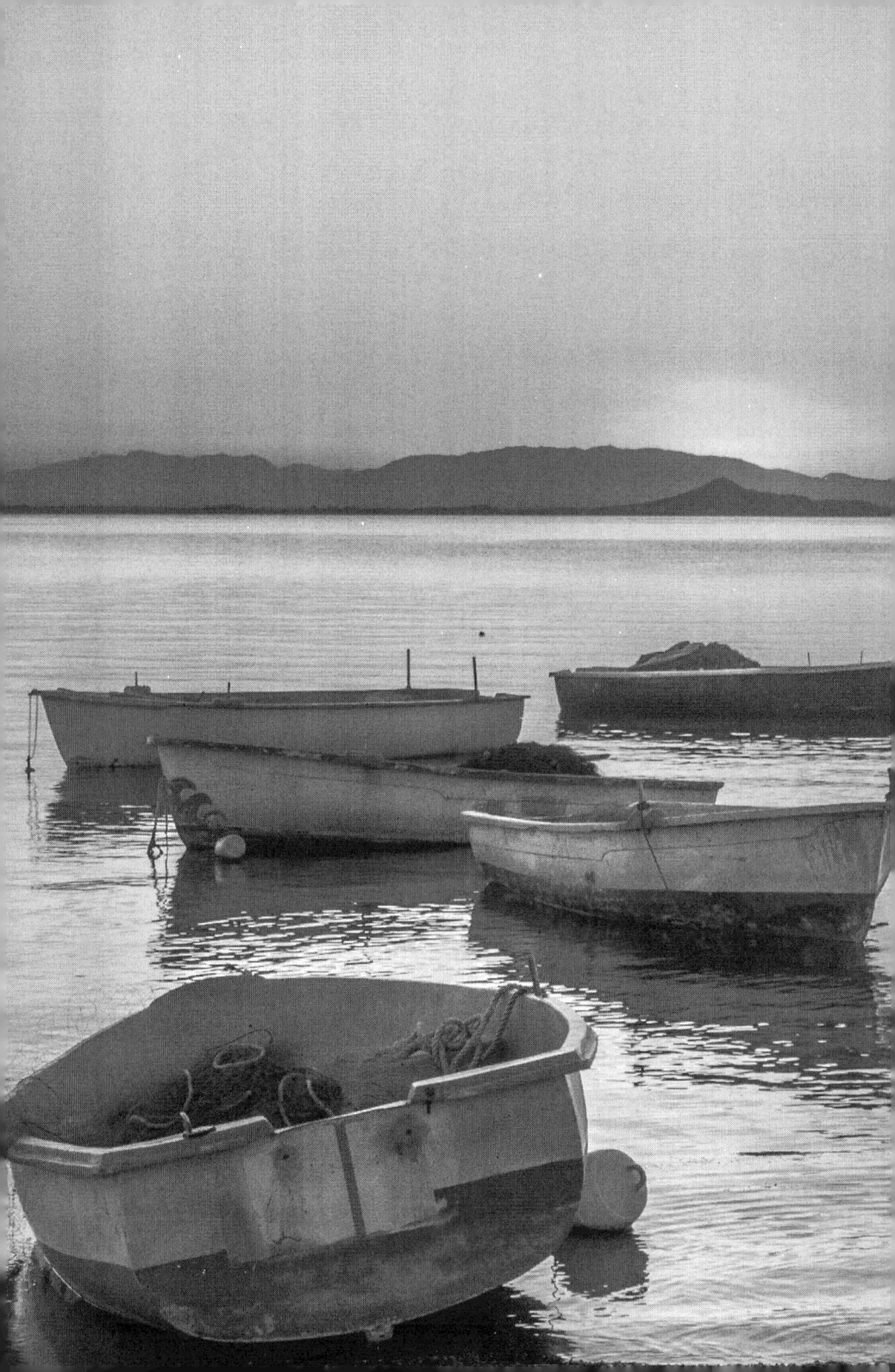